LUÍS PIMENTEL

BRASILEIROS
NOTA

1ª edição
São Paulo, 201.

© LUÍS PIMENTEL, 2014

COORDENAÇÃO EDITORIAL: Lisabeth Bansi
ASSISTÊNCIA EDITORIAL: Patrícia Capano Sanchez
PREPARAÇÃO DE TEXTO: Lígia Azevedo
COORDENAÇÃO DE EDIÇÃO DE ARTE: Camila Fiorenza
PROJETO GRÁFICO/CAPA: Elisa Nogueira
DIAGRAMAÇÃO: Cristina Uetake, Elisa Nogueira
COORDENAÇÃO DE REVISÃO: Elaine C. Del Nero
REVISÃO: Nair Hitomi Kayo
TRATAMENTO DE IMAGENS: Arleth Rodrigues
COORDENAÇÃO DE *BUREAU*: Américo Jesus
PRÉ-IMPRESSÃO: Vitória Sousa
COORDENAÇÃO DE PRODUÇÃO INDUSTRIAL: Wilson Aparecido Troque
IMPRESSÃO E ACABAMENTO: Corprint Gráfica e Editora Ltda.

CRÉDITOS DAS IMAGENS:
Páginas 9 e 16:
© Marta Jonina/Shutterstock
Página 19:
© Macrovector/Shutterstock
Páginas 27 e 61:
© Jack1/Shutterstock
Página 35:
© Peshkova/Shutterstock
Página 43:
© Julianka/Shutterstock
Páginas 51, 54 e 58:
© Woodhouse/Shutterstock
Página 67:
© Vilmos Varga/Shutterstock
Página 68:
© Elinalee/Shutterstock
Página 71:
© Vector Pro/Shutterstock
Página 76:
© Adam Fahey Designs/Shutterstock
Página 79:
© Siloto/Shutterstock
Página 87:
© Martina Vaculikova/Shutterstock
Página 91:
© Marish/Shutterstock
Página 92:
© Ziven/Shutterstock
Página 94:
© Djem/Shutterstock

Dados Internacionais de Catalogação na Publicação (CIP)
(Câmara Brasileira do Livro, SP, Brasil)

Pimentel, Luís
  10 brasileiros nota 10 / Luís Pimentel. — 1. ed.
São Paulo: Moderna, 2014.

ISBN: 978-85-16-09533-8

1. Literatura infantojuvenil 2. Personalidades —
Brasil — Literatura infantojuvenil I. Título.

14-05395   CDD-028.5

Índices para catálogo sistemático:
1. Brasil : Personalidades : Literatura infantojuvenil   028.5
2. Brasil : Personalidades : Literatura juvenil   028.5

Reprodução proibida. Art. 184 do Código Penal e Lei 9.610 de 19 de fevereiro de 1998.

Todos os direitos reservados.

EDITORA MODERNA LTDA.
Rua Padre Adelino, 758 - Belenzinho
São Paulo - SP - Brasil - CEP 03303-904
Vendas e Atendimento: Tel. (11) 2790-1300
www.modernaliteratura.com.br
2014

Impresso no Brasil

Euclides da Cunha (um que bem poderia estar nesta seleção) escreveu que "o nordestino é, antes de tudo, um forte". Tomo a liberdade de substituir, aqui, nordestino por "brasileiro". Não só esses dez, mas todos os que colaboram para a "Nota 10" que merecemos em muitos momentos de nossas vidas.

SUMÁRIO

Apresentação, 6

Ariano Suassuna, 9

Millôr Fernandes, 43

Celso Furtado, 19

José Alencar, 35

Fernanda Montenegro, 27

APREƧENTAÇÃO

Aprendemos nos livros escolares — seja em páginas de ciências, exatas ou humanas, nos passos das artes, da engenharia, da cultura ou da medicina — que o Brasil é um celeiro de mentes privilegiadas. Que homens e mulheres brilhantes ajudaram a construir nosso patrimônio tanto físico quanto simbólico, e que se espalharam pelo mundo, distribuindo conhecimento ou força de trabalho, ajudando a erguer os pilares da humanidade. Nos livros de História, especialmente, aprendemos com a reveladora e seminal carta de Pero Vaz de Caminha que aqui "em se plantando tudo dá".

O sentido dessa frase famosa, para quem se dedica apenas a escrever e pouco conhece de outros instrumentais, está na capacidade que tem o povo brasileiro de superar dificuldades e se superar. De fazer a partir do nada. De alimentar o mais legítimo dos sonhos humanos, o de ser feliz, seja por meio da ação, do estudo, da ideologia, do trabalho anônimo ou reconhecido. Nesta reunião de perfis, temos dez brasileiros a quem atribuímos nota máxima. Não estão em sala de aula nem sob julgamento. Esses *10 brasileiros nota 10* nos representam pelos traços que nos fazem diferentes ou pelos elos que nos aproximam (enquanto indivíduos, enquanto grupo social, enquanto brasileiros).

O que une indivíduos como o escritor Ariano Suassuna, o economista Celso Furtado, a atriz Fernanda Montenegro, o empresário e ex-vice-presidente da República José Alencar, o humorista e escritor Millôr Fernandes, a médica psiquiatra Nise da Silveira, o compositor Noel Rosa, o indigenista Orlando Villas Bôas, o arquiteto Oscar Niemeyer e o médico sanitarista Oswaldo Cruz, além da brasilidade? A capacidade que demonstraram de transformar o brasileirismo em razão de ser. Tornaram--se, a nosso ver, nota 10 não pela condição de aqui nascidos, mas pelo orgulho, pela dignidade e pelo trabalho com que honraram o estigma, trunfo ou fardo que é ser brasileiro.

E por que esses e não outros? Essa pergunta pode e deve ser feita, no momento em que este livro chega às suas mãos. E seria estimulante se você, com colegas ou professores, escalasse outro time de dez (seja você mesmo o décimo primeiro, para completar a escalação futebolística) como exercício criativo ou teste de conhecimento. Sim, porque muitos outros poderiam estar aqui. Faríamos um livro de 100 brasileiros nota 10 sem dificuldade; mas a proposta era juntar apenas uma dezena de cabeças. Claro que foi, na verdade, um quebra-cabeça, mas o princípio de unir aqui brasileiros que tivessem, cada um a seu modo ou em seu tempo, contribuído para aumentar nosso orgulho de fazer parte deste povo foi esclarecedor e definitivo.

Aqui temos esses. No país como um todo temos muitos outros. Lendo esta obra, neste momento, temos hoje, nos bancos da escola ou nas bibliotecas, muitos brasileirinhos que serão os nota 10 do amanhã.

Os poemas na apresentação de cada perfil são uma singela
homenagem do autor aos ilustres personagens aqui relacionados.

ARIANO SUASSUNA
A voz do Brasil real

A HOMENAGEM DOS SEUS FILHOS

CHICÓ: Tu tá vendo aquele aí, trajando beca vermelha?
JOÃO GRILO: Quem é, Chicó? Algum cardeal?
CHICÓ: Tá maluco, leviano?
JOÃO GRILO: Oxe, homi, num falo por mal.
CHICÓ: Não vê que aquele é o Ariano?
JOÃO GRILO: Ariano? Veio de terras germânicas?
CHICÓ: Veio de terras vulcânicas.
Da Paraíba, verdadeiro Suassuna!
JOÃO GRILO: Que nem a onça do mato?
CHICÓ: João, não seja tão abestado!
Ariano Suassuana! Não conhece? Nunca viu?
JOÃO: Estou brincando, Chicó!
Reconheço até com um olho só:
foi ele que nos pariu!!!

"Machado de Assis dizia que no Brasil existem dois países, o oficial e o real. Todos nós somos criados, formados e deformados pelo Brasil oficial. Mas a gente tem que olhar para o Brasil real. Foi o que fiz no *Auto da Compadecida*, olhei para a literatura do povo brasileiro e procurei me manter fiel a ela."

Durante a 1ª Conferência Nacional de Desenvolvimento Regional, em Brasília, março de 2013 (transcrição da Agência Brasil).

REGISTRO GERAL

ARIANO SUASSUNA

16 jun. 1927 – 23 jul. 2014

Nossa Senhora das Neves, hoje João Pessoa, capital da Paraíba

Escritor

Filho de Cássia Villa e João Suassuna, que era governador do estado quando Ariano nasceu e que foi assassinado na esteira dos conflitos da Revolução de 1930. Na década de 1940 foi viver em Recife, onde alicerçou a obra dramatúrgica e literária que o projetou no mundo inteiro. Em 1989 foi eleito para a Academia Brasileira de Letras, onde ocupou a cadeira de número 32. Morreu em Recife (PE) após sofrer um AVC hemorrágico.

LITERATURA, AUTOS, CORDÉIS, NORDESTE, REPENTES, CANÇÕES...

Reconhecido, amado e admirado por leitores de duas ou três gerações, o paraibano com alma pernambucana Ariano Suassuna é um dos maiores nomes do teatro e da literatura no Brasil hoje. Autor de uma obra regionalista e ao mesmo tempo universal, vigorosa e pungente, esse escritor é motivo de orgulho para todos os brasileiros. É com alegria que autor e editora o escolheram para abrir este volume de perfis, finalizado pouco antes da morte do escritor.

O QUE É LITERATURA?

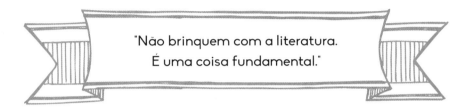

"Não brinquem com a literatura. É uma coisa fundamental."

É o fazer, criar, escrever textos literários, quase sempre em prosa ou verso; e não só. Está mais associada ao escrever de forma (e em linguagem) artística, embora seja usada também para definir o conjunto de textos referenciais, como "literatura médica", "literatura jurídica", "literatura esportiva" etc. A palavra vem do latim *litteris*, que significa... letras! Pois é do oxigênio das letras que a literatura precisa para sobreviver.

Boa parte da obra literária de Ariano Suassuna, a teatral, é escrita em formato de autos.

AUTO: UMA COMPOSIÇÃO DRAMÁTICA

O auto é uma peça teatral em forma poética, às vezes musical, de origem medieval, que pode focalizar temas religiosos, satíricos ou profanos. É arte popular pura, apresentando uma linguagem simples. Por isso, no Brasil, alguns autos natalinos ou de costumes utilizam a linguagem própria da literatura de cordel, de fácil aceitação principalmente nas regiões nordestinas. Gigantes como Camões, Lope de Vega e Gil Vicente também utilizaram essa forma de escrever textos dramáticos.

LITERATURA EM VERSOS, RIMADA, DE APELO POPULAR

O livreto de cordel é um tipo de poesia popular, impressa em folhetos que ficam à venda pendurados em cordões (daí o nome), especialmente nas feiras, ou transmitidas oralmente, pelos repentistas (que decoram todo o poema, às vezes enorme, para declamar acompanhado da viola). Patativa do Assaré, Lourival Batista, José Limeira e Rodolfo Coelho Cavalcanti são exemplos de poetas de cordel – além de Ariano Suassuana, é claro!

A UNIVERSIDADE DE FRENTE PARA O POVO

O poeta, romancista e escritor Ariano Suassuna não tinha título universitário, mas costumava ministrar o que ele chamava de "aula-espetáculo" em várias regiões do Brasil. Sempre com casa lotada. Ele trata da realidade brasileira, sem academicismo ou linguagem rococó. Em um encontro em Vitória da Conquista, na Bahia, em 2013, ele declarou: "Eu me sinto bem fazendo isso. Quero continuar em contato com o povo do meu país e principalmente com os jovens, mas eu meti na cabeça que o povo brasileiro tinha me encarregado de uma missão que é a de defender a cultura brasileira pelo nosso país".

Você sabia...

... que o *Auto da Compadecida* já foi encenado tantas vezes que nem o autor sabe quantas? Escrita em 1955, a peça ficou conhecida no Brasil inteiro após ser encenada no Rio de Janeiro, em 1957, por ocasião do 1º Festival de Amadores Nacionais.

O texto também foi adaptado para o cinema a e a televisão, de Os Trapalhões a Guel Arraes.

Carteira escolar

Ariano Suassuna estudou em Taperoá, na Paraíba, e depois no Colégio Pernambucano, em Recife. Em seguida cursou a tradicional Faculdade de Direito da capital pernambucana, onde se formou em 1950. Exerceu a profissão por cinco anos, abandonando-a para tornar-se professor de Estética da mesma faculdade onde se formara. Já era, então, dramaturgo premiado e encenado.

Olho clínico

O *Auto da Compadecida* é não só a obra máxima de Suassuna como também a obra máxima do teatro brasileiro. A carpintaria utilizada pelo dramaturgo na recriação de figuras representativas da literatura de cordel e do teatro popular, contidas nos autos medievais, a serviço da real intenção de exaltar os humildes e satirizar os poderosos e os religiosos que se preocupam apenas com questões materiais, transformou esse texto num clássico universal.

Como nasceu o Chicó

"Chicó tem uma história ótima. Ele chamava-se Chicó mesmo e existiu lá na minha terra no sertão da Paraíba, em Itaperoá. Mentia muito e a gente gostava [...]. Um dia, ele estava lá mentindo e a gente vibrando e chegou um chato lá, um sujeito implicante e disse: 'Essa história que você está contando não é verdade, porque eu estava lá e eu vi, não foi assim'. Aí ficou aquele constrangimento e o Chicó disse assim: 'Muito bonito isso que você fez agora! Estou eu constrangido, todo mundo constrangido. Todo mundo aqui sabe que eu minto, ninguém se incomoda'. E perguntou: 'Me digam uma coisa, vocês preferem minhas mentiras ou a verdade desse sujeito?'."

(Em entrevista ao jornal *Opasquim21*, n. 3, março de 2002).

"Eu também sou meio João Grilo. Mas eu me identifico mais com o Chicó, que é mentiroso. Eu minto que só vendo!"

(Em entrevista ao jornal *Opasquim21*, n. 3, março de 2002).

Do baú
Ariano Suassuna não gostava de viajar de avião. A propósito, ele já disse: "Todas são ruins, a de avião é só a pior das viagens".

A IMPORTÂNCIA DO FUTEBOL

Ariano Suassuna adorava futebol. Era torcedor fanático do Sport, o rubro-negro do Recife. Em junho de 2013 foi lançada uma nova camisa para o time, pensada, estudada e criada em homenagem ao escritor, com detalhes gráficos a partir do estilo armorial. Nas costas da camisa, textos dele estão espalhados, inclusive a frase "O Sport, pra mim, é – e sempre foi – uma das coisas mais importantes na minha vida".

O QUE É O MOVIMENTO ARMORIAL?

Nos anos 1970 Ariano Suassuna lançou em Pernambuco o movimento armorial, que se espalhou pelo Brasil. A ideia era criar uma arte erudita e fazer com que fosse reconhecida a partir de elementos da cultura popular. Ele mesmo o explica: "Nos anos 70, quando eu lancei o Movimento Armorial, o nome 'cultura brasileira' estava proscrito. Então inventei uma coisa brasileira e erudita, baseada nas raízes populares da nossa cultura. A gente lá fazia pesquisa de hábito popular, de cozinha, de música...". (Em entrevista ao jornal *Opasquim21*, n. 3, março de 2002).

Falar mal dos outros: pela frente!

"Acho uma falta de educação horrível falar mal dos outros pela frente! Constrange quem ouve e constrange quem fala. Não custa nada a gente esperar que a pessoa vire as costas! Eu não falo mal na frente de ninguém."

(Em entrevista ao jornal *Opasquim21*, n. 3, março de 2002).

A morte limpa

"O senhor tem medo da morte?
Medo não. Nem gosto de dizer essas coisas, porque não gosto de contar valentia por antecipação. Pode ser que, na hora, eu até me apavore. Mas não tenho medo. Só tenho medo de morrer sem terminar um livro que eu esteja escrevendo; e não ter uma morte limpa."

(Em entrevista ao jornal *Opasquim21*, n. 3, março de 2002).

"Pouco depois do fechamento desta edição..." é como registram os jornais, quando fatos têm desdobramentos após noticiados. Foi o que aconteceu com este perfil, pois autor e editora ficaram sabendo da morte de Ariano Suassuna quando preparavam o livro para a impressão.

Foi com tristeza que incluímos a informação no texto, procedendo às devidas atualizações. Numa semana triste para a cultura, especialmente a literatura brasileira (poucos dias antes perdemos os escritores João Ubaldo Ribeiro e Rubem Alves), o primeiro brasileiro deste volume sucumbiu a um AVC hemorrágico.

Fica a obra. A importância. O exemplo. Mais um nota 10 foi fazer companhia às estrelas.

10 OBRAS FUNDAMENTAIS DE UM BRASILEIRO IDEM

(Boa parte traduzida para diversos idiomas)

Uma mulher vestida de sol (1947). Recife:
Imprensa Universitária, 1964.

Auto da Compadecida (1955). Rio de Janeiro: Agir, 1957.
Medalha de ouro da Associação Brasileira de Críticos Teatrais.

A história de amor de Fernando e Isaura (1956).
Rio de Janeiro: José Olympio, 2006.

O santo e a porca (1957). Recife: Imprensa Universitária, 1964.
Medalha de ouro da Associação Paulista de Críticos Teatrais.

Farsa da boa preguiça (1960). Rio de Janeiro: José Olympio, 1974.

Coletânea de poesia popular nordestina:
Romances do ciclo heroico. Recife: Deca, 1964.

Romance d'a pedra do reino e o príncipe do sangue do vai-e-volta. Rio de Janeiro: Borsoi, 1971.

O Movimento Armorial. Recife: UFPE, 1974.

As infâncias da Quaderna. Folhetim semanal do
Diário de Pernambuco, 1976-7.

*História d'O rei degolado nas caatingas do sertão e
Ao sol da onça Caetana*. Rio de Janeiro: José Olympio, 1977.

CELSO FURTADO
O primeirão!

"Adam Smith dizia: Quando os empresários pensam nos interesses nacionais, estamos perdidos. Quem precisa ter essa consciência nacional é a população."

(Em entrevista à revista *Bundas*, n. 18, outubro de 1999).

A economia não é exata,
a ciência também não.
A matemática da chibata,
feita de corda e facão,
é só lição de bravata.
Celso, o Furtado sem furto,
fez da ciência a redenção,
da economia um fomento,
de um país uma nação.
Esse foi o alimento
das veias do seu coração.

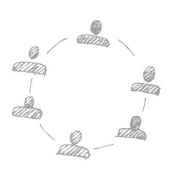

REGISTRO GERAL

CELSO MONTEIRO FURTADO

26 jul. 1920 – 20 nov. 2004

Pombal, Paraíba

Economista

Espalhou suas ideias moderníssimas sobre desenvolvimento e sub-desenvolvimento pelo mundo inteiro, morou por muito tempo em Paris, na França, onde lecionou Economia do Desenvolvimento e Economia Latino-Americana na Faculdade de Direito e Ciências Econômicas da Sorbonne (onde tinha concluído seu doutorado em Economia).

O PRIMEIRÃO

Celso Furtado foi mesmo o primeirão em muita coisa. Primeiro ministro do Planejamento (em 1962, no governo do presidente João Goulart), um dos primeiros nomes na primeira lista de brasileiros que tiveram seus direitos civis cassados pela ditadura militar (instalada no país em 1964) e primeiro cientista econômico a pensar e idealizar a Superintendência do Desenvolvimento do Nordeste (Sudene). Foi ainda o primeiro economista brasileiro de destaque internacional (depois tivemos também personalidades como Roberto Campos e Delfim Netto, entre outros), tanto nos governos quanto nos maiores centros de estudos.

O QUE É UM CIENTISTA ECONÔMICO?

É um economista. Aquele profissional de quem se espera as explicações sobre os fenômenos econômicos (das nações, das empresas, do dia a dia das finanças domésticas...). Os economistas podem trabalhar para os governos, para instituições acadêmicas ou financeiras e no departamento financeiro de qualquer empresa. O mercado de trabalho é amplo e um economista pode ser até ministro de Estado, como Celso Furtado.

ECONOMIA E SISTEMAS PRODUTIVOS

Segundo os principais dicionários, a Economia é a ciência que trata dos fenômenos relativos à produção, distribuição e consumo de bens. Cuida, ainda, do sistema produtivo de um país ou região. Ou seja, sobretudo, tenta explicar esses "sistemas produtivos" para os leigos ou menos informados sobre o assunto.

Carteira escolar

Depois dos primeiros anos na escola pública em Pombal, Celso Furtado estudou em João Pessoa, no Liceu Paraibano, e depois em Recife, no Ginásio Pernambucano. No final dos anos 1930 mudou-se para o Rio de Janeiro e, em 1939, entrou para a célebre Faculdade Nacional de Direito. Os estudos em Ciências Econômicas foram feitos depois disso, na pós-graduação, em universidades do Brasil e do exterior.

EMERGENTES E EM DESENVOLVIMENTO

Celso Furtado foi um dos primeiros economistas e pensadores brasileiros a considerar o subdesenvolvimento uma forma de organização social que faz parte do sistema capitalista. Ele defendia a tese de que o subdesenvolvimento não é uma etapa para o desenvolvimento – como sugeria, segundo ele, os termos "emergente" e "em desenvolvimento". O professor alertava que, sobretudo em países como o Brasil, um processo histórico criou uma industrialização que seria sempre dependente dos países desenvolvidos.

VÍTIMA DA DITADURA

O primeiro ministro do Planejamento do Brasil não sabia que, ao ser nomeado pelo presidente João Goulart, em 1962, estaria entrando em terreno minado, uma vez que os olhos começaram a crescer sobre a direção do governo democraticamente eleito no país. Logo após assumir, Celso Furtado elaborou com uma equipe de economistas o Plano Trienal, com o objetivo de retomar o crescimento do produto interno bruto e dar início a um plano de distribuição de renda.

No ano seguinte, Celso Furtado retornou à superintendência da Sudene, criando e implantando a política de incentivos fiscais para investimentos na região. Com o golpe militar em 1964 e a imediata edição do Ato Institucional n. 1, ele foi incluído na primeira lista de cassados, perdendo seus direitos políticos por dez anos.

Logo partiu para o exílio, a princípio se instalando em Santiago do Chile, a convite do Instituto Latino-Americano para Estudos de Desenvolvimento. No mesmo ano mudou-se para New Haven, nos Estados Unidos, assumindo o cargo de pesquisador graduado do Instituto de Estudos do Desenvolvimento da Universidade Yale. Em 1965 já estava em Paris, onde lecionou na prestigiosa Sorbonne por vinte anos, período em

que se dedicou também a pesquisas avançadas nas universidades norte-
-americanas Yale, American University e Columbia, além de Cambridge, na
Inglaterra. Nesse período, viajou pelo mundo inteiro, como conferencista e
professor visitante das Nações Unidas. Detalhe: foi em meio a todas essas
atividades que Celso Furtado escreveu sua vasta e importante obra.

Com a Lei da Anistia, decretada em 1979, Celso Furtado retornou
ao Brasil (mantendo suas atividades no exterior) e à militância política.

O HOMEM DE POMBAL

Aposentado da vida pública, Celso Furtado viveu os últimos anos
dedicando-se à ciência e à Academia, dividindo seu tempo entre o Rio
de Janeiro e Paris. Apesar da longa vivência no exterior, ele manteve, por
toda a vida, um imenso sentimento de Brasil e uma fortíssima ligação
com sua terra natal.

"A vida no sertão era áspera, dura, absurda. Vi tanto cangaceiro inva-
dir cidade e espingardear gente na rua..."

Você sabia...

... que Celso Furtado teve militância partidária? No começo dos
anos 1980 filiou-se ao Partido do Movimento Democrático Brasileiro (PMDB). Fez parte da equipe de economistas e estudiosos que
elaborou o Plano de Ação do governo Tancredo Neves, em 1985, e
foi nomeado embaixador do Brasil junto à Comunidade Econômica Europeia. Com a morte do presidente Tancredo Neves e a posse
de José Sarney, foi nomeado ministro da Cultura, criando a primeira legislação de incentivos fiscais para produtores e gestores de
cultura no Brasil.

Olho clínico

"O caminho para o Brasil é uma reforma fiscal que faça com que os que têm muito dinheiro paguem impostos."

O livro *Essencial Celso Furtado*, organizado pela viúva do economista, a jornalista Rosa Freire d'Aguiar, mostra como o economista esteve o tempo todo com um olho no seu tempo e outro à frente. As manifestações de protesto que ganharam as ruas do Brasil em 2013 foram preconizadas por ele, de certa forma, quando muitos anos antes escreveu que as pressões políticas por parte da população eram legítimas e necessárias, afirmando: "É só quando prevalecem as forças que lutam pela efetiva melhoria das condições de vida da população que o crescimento se transforma em desenvolvimento".

Do baú

Em seu discurso de posse na Academia Brasileira de Letras, em 1997, Celso Furtado prestou justa homenagem a um brasileiro injustamente esquecido: "O fundador desta Cadeira número onze foi um antepassado meu, Lúcio Furtado de Mendonça, de quem possivelmente herdei os pendores memorialísticos, o gosto malsucedido pela ficção literária e uma irreprimível sensibilidade social. Esse socialista declarado empenhou-se na criação desta Academia e certamente a ele mais do que a ninguém devemos a existência desta nobre instituição".

10 OBRAS FUNDAMENTAIS DE UM BRASILEIRO IDEM

O Brasil e o mundo estudados e retratados com consciência e competência

Uma economia dependente. Rio de Janeiro: Ministério da Educação e Cultura, 1956.

Perspectivas da economia brasileira. Rio de Janeiro: Instituto Superior de Estudos Brasileiros, 1958.

Formação econômica do Brasil. Rio de Janeiro: Fundo de Cultura, 1959.

Uma política de desenvolvimento econômico para o Nordeste. Rio de Janeiro: Imprensa Nacional, 1959.

Desenvolvimento e subdesenvolvimento. Rio de Janeiro: Fundo de Cultura, 1961.

Subdesenvolvimento e estagnação na América Latina. Rio de Janeiro: Civilização Brasileira, 1966.

Teoria e política do desenvolvimento econômico. São Paulo: Editora Nacional, 1967.

A hegemonia dos Estados Unidos e o subdesenvolvimento da América Latina. Rio de Janeiro: Civilização Brasileira, 1973.

O mito do desenvolvimento econômico. Rio de Janeiro: Paz e Terra, 1974.

Cultura e desenvolvimento em época de crise. Rio de Janeiro: Paz e Terra, 1984.

FERNANDA MONTENEGRO
A guerreira das artes cênicas

Palco é casa divina
Onde a luz se manifesta,
Que na tristeza ou na festa
Tudo é ilusão, tudo é sina.

No palco a infância é velha
E a velhice se renova.
É a emoção posta à prova
Da maldição ou da prece.

Ser ou não ser verdadeiro?
Razão, paixão ou demandas?
Palco é *front* de bons guerreiros,
De onde brotam as Fernandas.

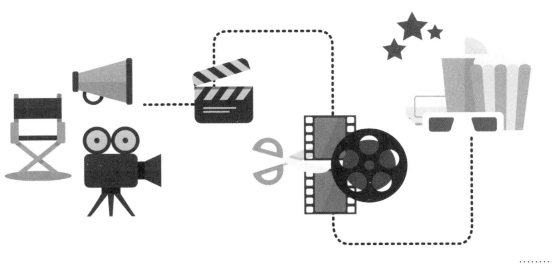

ARLETTE PINHEIRO ESTEVES TORRES

16 out. 1929

Rio de Janeiro-RJ

Atriz

Descendente de italianos e de portugueses, Fernanda é filha de um funcionário da Light, a antiga empresa de energia elétrica, e de uma dona de casa.

REGISTRO GERAL

O QUE É UMA ATRIZ?

O *Dicionário Aurélio* tem uma definição antológica para a função do feminino de ator: "mulher que sabe fingir". Há mais de meio século Fernanda Montenegro, essa guerreira das artes cênicas, finge nos palcos ou diante das câmeras. Finge que é velha, que é jovem, que é pobre, que é rica, que é culta, analfabeta, sóbria, bêbada, feliz, doente... Sua vida está ligada à história das artes cênicas, cinematográficas e televisivas do Brasil.

UMA CARREIRA COMO POUCAS

Fernanda Montenegro jamais posou de "grande dama do teatro brasileiro"; pelo contrário, até parece não valorizar muito essas ostentações. Mas o admirável currículo construído em mais de seis décadas de trabalho comprova o título. Pioneira em muitos momentos, ela foi a primeira atriz contratada pela recém-criada TV Tupi do Rio de Janeiro, em 1951. Ali, só nos primeiros anos na emissora, participou de cerca de oitenta peças teatrais, exibidas nos programas *Retrospectiva do Teatro Universal*, *Grande Teatro Tupi* e *Retrospectiva do Teatro Brasileiro*. Foi na TV que Fernanda Montenegro começou a trabalhar com grandes diretores: Jacy Campos, Chianca de Garcia e Olavo de Barros, e a atuar ao lado de grandes mestres na arte de representar, como Paulo Porto, Heloísa Helena, Grande Otelo, Ambrósio Fregolente e Colé.

Em 1952, ainda uma atriz muito jovem, já recebia o prêmio de atriz revelação da Associação Brasileira de Críticos Teatrais, por conta de sua atuação no drama *Está lá fora um inspetor*, do dramaturgo inglês J. B. Priestley. Neste mesmo ano fez muito sucesso com a montagem de *Loucuras do imperador*, de Paulo Magalhães. Foi assim que passou a fazer parte da mais conceituada empresa de produções teatrais daqueles tempos, a Companhia Maria della Costa.

Em 1959, Fernanda formou sua própria companhia teatral, a Teatro dos Sete, juntamente com Sérgio Britto, Ítalo Rossi, Gianni Ratto,

Você sabia...

... que Fernanda Montenegro nasceu Arlette Pinheiro Esteves da Silva? Ela adotou o pseudônimo Fernanda Montenegro pela sonoridade e por achar que Arlette não era um bom nome de artista.

Sobre esse assunto, ela já brincou numa entrevista à Folha Ilustrada: "Eu sou uma senhora esquizofrênica. Fernanda Montenegro é apenas uma entidade que a Arlette vê. Poucas pessoas me chamam de Arlette. A maioria dos que me chamavam assim já morreu...".

Luciana Petrucelli, Alfredo Souto e seu companheiro Fernando Torres. A companhia foi responsável por montagens de peças dos maiores nomes da dramaturgia universal, como Jorge Andrade (*A moratória*), Arthur Azevedo (*O mambembe*), Carlo Goldoni (*Mirandolina*), Reiner Werner Fassbinder (*As lágrimas amargas de Petra von Kant*) e Luigi Pirandello (*Vestir os nus*).

Fernanda recebeu cinco vezes o prêmio Molière, o mais importante do teatro brasileiro, e por três vezes o Prêmio Governador do Estado de São Paulo.

Na televisão, desde a TV Rio, em 1963, ano em que atuou em duas novelas de Nelson Rodrigues (*Pouco amor não é amor* e *A morta sem

Carteira escolar

Fernanda Montenegro estudou em escola pública, no bairro de Campinho, subúrbio do Rio de Janeiro, onde nasceu. Aos doze anos, já sabendo que teria que trabalhar cedo, matriculou-se num curso profissionalizante de secretariado. Aprendeu inglês, francês, estenografia e datilografia (aprendizado hoje em desuso, mas exigência básica para quem precisava trabalhar nos anos de 1940-1950).

Em 1950, a futura grande dama do teatro subia ao palco pela primeira vez, na montagem da peça teatral *Alegres canções nas montanhas*, ao lado do ator e diretor Fernando Torres, que veio a ser pai de seus dois filhos (Fernanda e Cláudio Torres) e seu companheiro até morrer, em 2008.

espelho), Fernanda emprestou seu talento a dezenas de telenovelas que marcaram época, como *Baila comigo*, *Cambalacho*, *O dono mundo*, *Renascer*...

No cinema, entre seus momentos mais marcantes estão as atuações em *A falecida* (1964) e *Eles não usam black-tie* (1980), ambos de Leon Hirszman; além de *Central do Brasil*, de Walter Salles, filme que ganhou o Urso de Ouro do Festival de Berlim.

RECONHECIMENTO INTERNACIONAL

Em 1999, Fernanda Montenegro foi indicada ao Oscar de melhor atriz, por sua atuação no filme *Central do Brasil*, do brasileiro Walter Salles, que concorreu na categoria filme estrangeiro.

Não ganhou o Oscar, mas foi reconhecida com o prestigioso Urso de Prata do Festival de Cinema de Berlim. Por esse filme, ela recebeu ainda o prêmio italiano David di Donatello, o prêmio norte-americano National Board of Review e o prêmio do Festival de Havana.

Em 2013, Fernanda recebeu outro prêmio internacional de grande importância: o Emmy Internacional de melhor atriz por seu trabalho em *Doce de mãe*.

Com a humildade que sempre a caracterizou, Fernanda fez questão de dedicar o prêmio aos autores e diretores, bem como a todos os companheiros de profissão no Brasil.

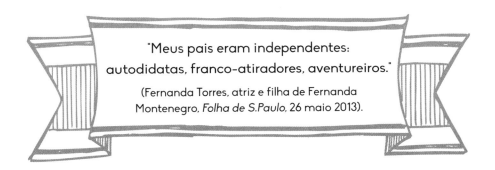

"Meus pais eram independentes: autodidatas, franco-atiradores, aventureiros."
(Fernanda Torres, atriz e filha de Fernanda Montenegro, *Folha de S.Paulo*, 26 maio 2013).

Olho clínico

No especial de fim de ano de 2012 da rede Globo, *Doce de Mãe*, de Jorge Furtado, Fernanda Montenegro comoveu o país com sua interpretação de Dona Picucha, uma senhora que enfrenta o costumeiro drama que vivem os filhos dos idosos: quem vai cuidar da mamãe? Comentando o trabalho realizado e as dificuldades da velhice na revista *Cláudia* de janeiro 2013, a atriz declarou: "Queira ou não, é uma planta fenecendo. Você vê menos, ouve menos, seu paladar diminui. Mas eu trabalho como se tivesse trinta anos. E não é que faça um esforço histriônico. É algo meu".

Do baú

Comentando seus sessenta anos de carreira, Fernanda Montenegro declarou ao jornal *Correio Braziliense* (1º set. 2013):

"Tenho a impressão de que me dá uma condição de 'tombamento' em vida. Uma espécie de lápide: 'Aqui jaz...'. Não é isso. Sabemos que não é isso. Mas querem ver isso. Não vou lutar contra. Não tem como. A não ser que eu parasse de trabalhar. E isso não farei. Enquanto eu puder, vou cuidar dos projetos que me chegam e que passam a ser fundamentais para minha vida."

10 OUTROS MOMENTOS FUNDAMENTAIS DE UMA BRASILEIRA IDEM

(No teatro)

O beijo no asfalto, de Nelson Rodrigues,
direção de Fernando Torres, 1961.

O homão do princípio ao fim, de Millôr Fernandes,
direção de Fernando Torres, 1966.

A volta ao lar, de Harold Pinter,
direção de Fernando Torres, 1967.

Oh, que belos dias, de Samuel Beckett,
direção de Ivan de Albuquerque, 1970.

Computa, computador, computa, de Millôr Fernandes,
direção de Carlos Kroeber, 1971.

Seria cômico se não fosse trágico, de Friedrich Durrenmatt,
direção de Celso Nunes, 1972.

É..., de Millôr Fernandes, direção de Paulo José, 1977.

Fedra, de Racine, direção de Augusto Boal, 1986.

Dona Doida, a partir de escritos de Adélia Prado,
direção de Naum Alves de Souza, 1987.

Dias felizes, de Samuel Beckett,
direção de Jaqueline Laurence, 1995.

JOSÉ ALENCAR
Vice-presidente da República, empresário de sucesso, homem comum

Comum é o homem que encarna
Tudo o que nele é incomum.
Que produz forças na marra,
Que é tantos, sendo só um,
Para quem a luta é farra.
Pois incomum é o homem
Que de comum, só o nome,
Na multidão se destaca.
Pedra, pau, arame, faca,
Tudo o que é febre e que é chão.
Arranca com a própria mão
A pedra do seu caminho
O homem que faz seu lastro.
Que constrói seu sobrenome,
Que imprime sua grandeza.
É dono do próprio rastro,
É quem mata a própria fome,
Seja em casa ou na empresa.

REGISTRO GERAL

JOSÉ ALENCAR GOMES DA SILVA

17 out. 1931 – 29 mar. 2011

Muriaé, Minas Gerais

Empresário político

José Alencar começou a trabalhar aos sete anos, e aos catorze deixou a casa dos pais. Em 1967, fundou a Coteminas – ainda um império empresarial com diversas unidades espalhadas pelo Brasil. Foi eleito vice-presidente da República, em 2002, sendo reeleito em 2006. Foi submetido a dezessete cirurgias para tratar um câncer, do qual viria a morrer.

O QUE É UM EMPRESÁRIO?

É o indivíduo que cria e dirige empresas. De sua visão e capacidade nasce e cresce o desenvolvimento, o prestígio e a saúde da empresa. Um país precisa de bons empresários como precisa de bons operários, bons executivos e trabalhadores dedicados em todas as profissões.

E O QUE É UMA EMPRESA?

Em poucas e objetivas linhas, é aquilo que se empreende (comercialmente falando, quase sempre). Para dicionários ou manuais técnicos especializados no assunto, uma empresa é uma organização econômica destinada a produção ou venda de mercadorias ou serviços, tendo em geral como objetivo o lucro. José Alencar foi um dos maiores empresários brasileiros.

CAMINHOS DA SABEDORIA

Uma carreira profissional de sucesso pode-se dar de diversas maneiras, por múltiplos caminhos. Uns herdam fortunas ou complexos empresariais; outros começam do nada e fazem o futuro a partir do esforço próprio. José Alencar, menino pobre que virou empresário de grandes conquistas, soube caminhar calmamente, para abrir seus caminhos com sabedoria e competência. Do primeiro empreendimento – uma lojinha de porta para a rua – à presidência de uma empresa gigantesca da indústria têxtil foi uma história legítima e de sucesso.

DA QUEIMADEIRA À COTEMINAS

O menino pobre que começou a trabalhar praticamente na infância abriu sua primeira empresa aos dezoito anos de idade, na cidade de Caratinga, a loja de tecidos A Queimadeira. Depois disso, foi viajante comercial, atacadista de cereais, dono de fábrica de macarrão e atacadista de tecidos. Em 1967 fundou a hoje gigante do ramo têxtil Coteminas – Companhia de Tecidos Norte de Minas.

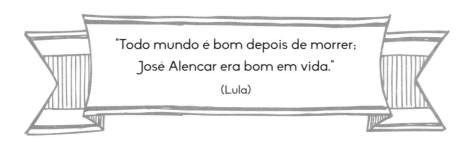

"Todo mundo é bom depois de morrer; José Alencar era bom em vida."
(Lula)

SEMPRE EM ATIVIDADE

José Alencar também se dedicou às entidades de classe empresarial, tendo sido presidente da Associação Comercial de Ubá, diretor da Associação Comercial de Minas Gerais, presidente do Sistema Federação das Indústrias do Estado de Minas Gerais e vice-presidente da Confederação Nacional da Indústria (CNI).

UM HOMEM, MÚLTIPLAS FACETAS

Em 2010, a jornalista Eliane Cantanhêde lançou uma biografia de José Alencar (*José Alencar: amor à vida, a saga de um brasileiro*. Ed. Primeira Pessoa). Segundo ela, a maior dificuldade para retratar seu biografado ficou por conta da versatilidade profissional do mineiro:

"Você poderia fazer um livro só sobre o José Alencar empresário: aquele menino que saiu de casa aos catorze anos, que só estudou até o primeiro ano ginasial e se emancipou aos dezoito para abrir a primeira lojinha e virar um dos maiores empresários do país. Outro livro seria sobre o líder sindical patronal. Ele participou das associações comerciais desde muito novinho, foi presidente da Fiemg (Federação das Indústrias de Minas Gerais), vice da CNI (Confederação Nacional da Indústria). E tem outro que é o do cara que entrou na política aos sessenta anos. A primeira candidatura foi para o governo de Minas. Perdeu em 1994 e ganhou em 1998 para senador, sem nunca ter sido vereador, deputado, nada. E que depois vira vice-presidente da República. Ele que vem da direita, do lado patronal, vira vice-presidente de um operário. E tem a parte toda da luta contra o câncer, que é um livro à parte".

Do baú

No exercício da vice-presidência da República, José Alencar assumiu a vaga de presidente por 398 dias, enquanto o presidente Lula esteve em viagens ao exterior.

Olho clínico

A guinada conduzida por José Alencar em direção à política talvez tenha sido manifestação de um desejo dos mais humanos: galgar novos e mais elevados patamares, cada vez mais, em busca da realização que todo mundo almeja. Em mais de uma oportunidade, nas entrevistas por conta do lançamento de sua candidatura à vice-presidência da República, ele frisou sua conhecida independência financeira como um atestado para o público eleitor de que se tratava de um homem sem necessidade de se aproveitar, de nenhuma maneira. Traduzindo: empresário bem-sucedido, com fortuna pessoal formada, não precisaria fazer mau uso do cargo.

Cidadão comum

"Zé Alencar é um cidadão comum, o exato cidadão comum: nascido no interior, filho de pais sem qualquer riqueza, cumpridor dos seus deveres, trabalhador, bom pai, marido exemplar. Não se lhe notam centelhas no olhar, nem se lhe percebe a obsessão dos gênios. Eles vêm caminhando calmamente pela vida, abrindo as portas certas"

(Ziraldo, em entrevista ao jornal *Opasquim21*, n. 27, 2002).

10 DECLARAÇÕES FUNDAMENTAIS DE UM BRASILEIRO IDEM

"Estamos espantando o tumor no tiro."
(em junho de 2010, após dois dias de internação por efeitos colaterais do tratamento contra o câncer).

"Um grande grego falou que não tinha medo da morte, tinha medo da desonra. Digo a mesma coisa."
(comentando a doença, em 2008).

"Sou cristão em homenagem ao papai, à mamãe, e até gosto de ler passagens da Bíblia, mas se você me pergunta qual é a minha religião, eu respondo que não frequento nem igreja evangélica nem igreja católica."
(declaração durante a posse do segundo mandato, em 1º de janeiro de 2007).

"Às vezes me sinto culpado porque sou vice-presidente da República e não fiz nada [pela saúde]. É verdade que vice não manda nada, e quando a causa é boa pede. E pede com empenho."

(declaração a órgãos de imprensa, transcrita pelo *blog* Tribarte).

"O meu perfil é inadequado para a Defesa porque a minha cultura é empresarial. Eu não entendo do assunto."

(declaração comentando sua posse no Ministério da Defesa).

"Eu não falo mais de juros. Nos últimos tempos todo mundo está falando, então eu não preciso mais falar."

(em fevereiro de 2009, ao deixar o hospital após uma cirurgia).

"Lula só não ganhou no primeiro turno porque isso é bom para o Brasil."

(sobre o fato de Lula não ter sido reeleito em primeiro turno em 2006).

"Nós, os jovens, estamos sempre animados."

(ao assumir, em 2004, aos 73 anos, o Ministério da Defesa).

"Isso [definir os juros] não é decisão para economista, é decisão para político, porque tecnicamente tem dado errado."

(em 2003, criticando as altas taxas de juros do Banco Central).

"Querem passar a impressão de que sou idiota e desequilibrado por tocar no assunto. Não sou idiota, nem desequilibrado."

(rebatendo seus críticos, novamente sobre os juros).

Fontes: *sites* da revista *Veja* (www.veja.abril.com.br), *Guia Muriaé* (www.guiamuriae.com.br), *Tribarte* (www.tribarte.blogspot.com.br) e *Folha de S.Paulo* (www.folha.com.br). Acessos em: 25 jun. 2014.

MILLÔR FERNANDES
Ele desenhou a vida sem borracha

Do amor tudo se guarda
Da vida nada se leva
No humor o sonho renasce
A morte é quando se encerra
A festa do desenlace.
Levar a vida a sério
Não tem graça,
Perco a piada
Mas não faço trapaça,
Lembro a minha turma,
A minha raça,
Meus ídolos,
A quem canto com louvor.
Há um Millôr
Entre os melhores,
Dos maiores,
Do Millôr.

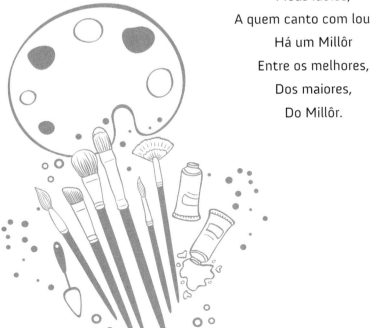

43

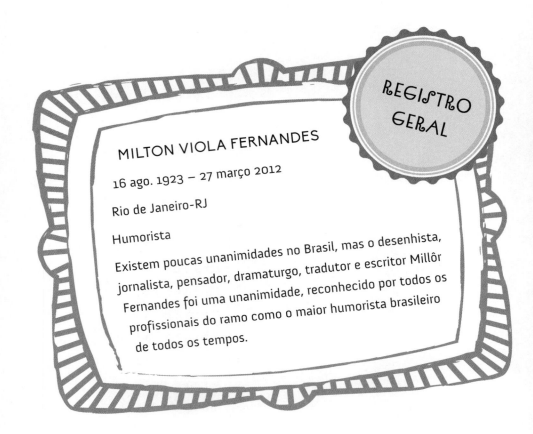

REGISTRO GERAL

MILTON VIOLA FERNANDES

16 ago. 1923 – 27 março 2012

Rio de Janeiro-RJ

Humorista

Existem poucas unanimidades no Brasil, mas o desenhista, jornalista, pensador, dramaturgo, tradutor e escritor Millôr Fernandes foi uma unanimidade, reconhecido por todos os profissionais do ramo como o maior humorista brasileiro de todos os tempos.

O QUE É O HUMORISTA?

É aquele profissional que usa as ferramentas do humor (a graça, a paródia, a ironia, o inusitado, a provocação etc.) para se expressar escrevendo, desenhando, construindo situações cômicas ou dramáticas. Que fique bem claro: humorista é aquele que cria humor. O que apenas "representa" a criação, na televisão, no rádio, é o comediante.

E O QUE É HUMOR (FALANDO SÉRIO)?

A definição mais objetiva de humor, em nosso bom e velho *Dicionário Aurélio*, é: veia cômica; graça, disposição de espírito, além de capacidade de perceber, apreciar ou expressar o que é cômico ou divertido. O humor, acreditamos, tem o compromisso primeiro de nos fazer rir e pensar (de preferência, pensar sorrindo). Ainda segundo o *Aurélio*, humorista é a pessoa "que fala ou escreve com espírito ou com feição irônica".

AUTODIDATA

"Na minha vida as coisas sempre vão acontecendo. Quando eu comecei a pensar na minha formação, vagamente, e muito tarde, eu agradeci não ter estudado formalmente. Eu acho o autodidata uma coisa formidável."

Carteira escolar

O maior ídolo dos humoristas brasileiros, para quem escrever e desenhar parecia muito fácil, teve infância difícil. Ficou órfão de pai com menos de um ano de vida e, com menos de dez, de mãe. Millôr estudou em escola pública e foi formado, como ele mesmo escreveu, "pela universidade do Méier", bairro onde nasceu e passou a infância, no Rio de Janeiro, que não tinha universidade. Referia-se, claro, ao que conhecemos como "escola da vida".

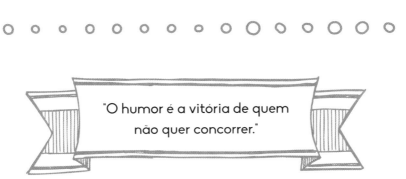

"O humor é a vitória de quem não quer concorrer."

Você sabia?

Millôr chamava-se, na verdade, Milton Fernandes. "Millôr" é um erro gráfico do tabelião, cuja caligrafia fez com que o "t" ficasse parecendo um "l" e o traço do "t" lembrasse um acento circunflexo. O grande artista gostou e resolveu adotar como assinatura, por toda a vida, ao ponto de às vezes até esquecer que se chamava Milton.

UMA PROFISSÃO INTERESSANTE

"O jornalismo é uma profissão muito interessante; o que atrapalha são os jornais", dizia. Uma brincadeira, claro, porque não podem existir jornalistas sem publicações jornalísticas.

Muita coisa pode ser feita dentro de uma redação de jornal ou de revista, pois ali existe o repórter, o redator, o editor, o chefe da redação, o diretor de redação, o diretor de arte, o diagramador, o fotógrafo, o ilustrador e tantos outros ofícios.

E O DRAMATURGO, QUANDO NASCEU?

Em 1950, um casal de atores amigos de Millôr sugeriu que ele escrevesse uma peça de teatro. Ele dizia não entender nada dessa atividade, mas sentou e escreveu a peça *Do tamanho de um defunto*. E foi um sucesso.

"A melhor peça que escrevi tem vinte e três personagens e se chama *Flávia, cabeça, tronco e membros*. Duvido que alguém me mostre outra tão bem construída."

Olho clínico

Millôr Fernandes estreou na profissão de jornalista com apenas catorze anos, na revista *O Cruzeiro*, onde fez de tudo o que se pode imaginar dentro de uma redação. Começou como contínuo e, ao abandonar a publicação, homem-feito e criador dos mais respeitados, deixara páginas marcantes, como a coluna do Emanuel Vão Gôgo, pseudônimo inventado por ele e que veio a ser o espaço autoral mais lido da revista, e a coluna Pif-Paf, embrião da revista quinzenal com o mesmo nome, lançada em maio de 1964, que durou oito edições.

O AI-5: CENSURA, PROCESSOS, PRISÕES

Em junho de 1969, o Ato Institucional n. 5, promulgado para facilitar o exercício da censura prévia pela ditadura militar, estava em plena vigência. A imprensa falava baixo, a polícia tirava peças teatrais de cartaz e censurava livros. *O Pasquim,* veículo de esquerda, foi criado nesse preocupante momento histórico.

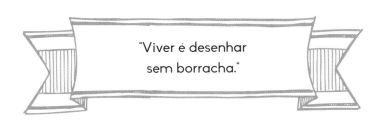
"Viver é desenhar sem borracha."

EXPERIÊNCIAS MARCANTES

Millôr Fernandes revolucionou a imprensa brasileira, participando de duas publicações marcantes: a revista *Veja*, onde escrevia e desenhava uma página muito criativa e movimentada, e o semanário *O Pasquim*, que ajudou a fundar em 1969, um dos mais significativos veículos de humor e de ideias, textos e desenhos, charges e cartuns da história da imprensa brasileira. Ele começou a publicar em *O Pasquim* logo nos primeiros números, e durante um período dirigiu a redação do semanário.

As duas experiências trouxeram aborrecimentos políticos a Millôr, como a quase prisão junto com os demais editores do jornal e o processo sob a Lei de Segurança Nacional, por conta de um desenho publicado na *Veja* – em página inteira, um homem com um martelo, pregando um caixão com a palavra democracia. O homem era o general Newton Cruz, à época o todo-poderoso chefe do Serviço Nacional de Informações (SNI), que o processou.

Do baú

"Para escrever, o humorista deve escolher sempre o assunto mais sério, mais triste, mais chato, ou mais trágico. Só um falso humorista escreve sobre assuntos humorísticos."

10 MOMENTOS DE UMA OBRA GENIOSA E GENIAL DE UM GÊNIO BRASILEIRO

Millôr Fernandes deixou mais de 50 livros publicados,
por diversas editoras, e lançou, em 1994, uma obra definitiva,
A Bíblia do caos, reunindo mais de cinco mil registros
em texto do genial e irritante "guru do Méier".

Teatro de Millôr Fernandes. Rio de Janeiro:
Civilização Brasileira, 1957.

Um elefante no caos (1962). Rio de Janeiro:
Editora do Autor, 1978.

Fábulas fabulosas. Rio de Janeiro: José Álvaro, 1963.

Liberdade, liberdade (1965). Porto Alegre: L&PM, 1998.

Computa, computador, computa. Rio de Janeiro: Nórdica, 1972.

Trinta anos de mim mesmo. Rio de Janeiro: Nórdica, 1972.

Millôr no Pasquim. Rio de Janeiro: Nórdica, 1977.

Reflexões sem dor. São Paulo: Edibolso, 1977.

É... Porto Alegre: L&PM, 1977.

Millôr definitivo: A Bíblia do caos. Porto Alegre: L&PM, 1994.

NISE DA SILVEIRA
Humana, rebelde, inovadora

Parecia frágil, feito um passarinho.
Às vezes valente, defendendo o ninho,
De asas abertas e bico à mostra:
A fraqueza de um pássaro
E a fúria oposta.
Os olhos miúdos, de grau tão profundo,
Enxergavam as dores
E o fundo do mundo,
E o rasgo do peito
E o fundo do fundo.
Doutora Nise era a flor da pedra,
O brilho que faz o clarão quando bate no chão,
A coragem de ter luz própria e motora:
Tão pequenininha, força assustadora,
A dizer que a luta é sempre inovadora.

NISE DA SILVEIRA

15 fev. 1905 – 30 out. 1999

Maceió, Alagoas

Psiquiatra. Maior expoente da psiquiatria humana e moderna.

REGISTRO GERAL

O QUE É PSIQUIATRIA?

É a especialidade da medicina que estuda os transtornos mentais. Faz prevenção, atendimento, diagnóstico, tratamento e reabilitação das diferentes formas de sofrimentos mentais – sejam elas de cunho orgânico ou funcional, com manifestações psicológicas suaves ou graves. Entre esses sofrimentos mentais estão a depressão, a esquizofrenia, a demência, a ansiedade e a bipolaridade.

O QUE FAZ UM PSIQUIATRA?

É responsável pelos exames que detectam o quadro de doença mental de um indivíduo e o tratamento necessário. Os médicos especializados em psiquiatria (que já foram conhecidos, também, como "alienistas") têm como meta principal de seu tratamento o alívio do sofrimento e o bem-estar psíquico dos pacientes.

SINÔNIMO DE PSIQUIATRIA

A doutora Nise da Silveira é o maior expoente de uma psiquiatria humana e moderna, aquela que começou a olhar o paciente como um ser que precisa de cuidados especiais, e não alguém que precisa ser simplesmente suportado a qualquer custo, como fardos que devem ser amontoados em colchões duros, nas macas de corredores ou nos pátios sujos e insalubres.

Doutora Nise foi uma mulher pequenina, magrinha, muito frágil; mas possuidora de um temperamento que movia montanhas. Foi pioneira no método que hoje é tão difundido, a terapia ocupacional (que se utilizando de tecnologias e atividades diversas, todas elas explorando capacidades e talentos individuais, promove a autonomia de indivíduos com dificuldade de integrar-se à vida social em razão de problemas físicos, mentais ou emocionais).

PSICOTERAPIA

Uma doença ou problema psíquico pode ser tratado com medicamentos ou terapêuticas diversas, como a psicoterapia — método utilizado por muitos profissionais. Ao conduzir esse processo de tratamento, o especialista trabalha para que o paciente amplie a consciência que tem de si mesmo, de seus problemas de saúde, de suas dificuldades em se relacionar. Acredita-se que, assim, o indivíduo em tratamento pode aprender com os sintomas e se desenvolver e melhorar como pessoa.

Carteira escolar

Filha de um importante jornalista alagoano, Faustino Magalhães da Silveira, diretor do *Jornal de Alagoas*, após os estudos básicos em um colégio religioso de Maceió, o Santíssimo Sacramento, foi enviada pelos pais para estudar em Salvador, na prestigiadíssima Escola de Medicina da Bahia. Foi uma das primeiras mulheres no Brasil a se formar médica. Mudou-se para o Rio de Janeiro em 1927, onde prestou concurso público para o Serviço de Assistência a Psicopatas e Profilaxia Mental do Hospital da Praia Vermelha (conhecido como Hospício da Praia Vermelha, onde foi internado o escritor Lima Barreto).

DESTINO HUMANO EXEMPLAR

"A vida de Nise da Silveira é a expressão de um destino humano exemplar. Assim como, na sua prática psiquiátrica e no seu pensamento teórico, o contato direto com o outro, a abertura para o outro e consequentemente a apreensão intuitiva são fatores fundamentais, em sua vida mesma é também assim que as coisas se passam" (Ferreira Gullar).

Você sabia?

... que foi a doutora Nise da Silveira quem introduziu e divulgou a hoje muito conhecida psicologia junguiana no Brasil?

Bastante interessada em seu estudo sobre mandalas – tema recorrente nas pinturas de seus pacientes –, ela escreveu, em 1954, a Carl Gustav Jung (1875–1961), buscando orientações e troca de experiência.

O famosíssimo psiquiatra e psicoterapeuta suíço estimulou a médica brasileira a organizar em 1957 uma mostra das obras de seus pacientes, que recebeu o nome "A arte e a esquizofrenia", no II Congresso Internacional de Psiquiatria, em Zurique. Nise então estudou no Instituto Carl Gustav Jung, de 1957 a 1962.

TEMPOS DIFÍCEIS

As fortes convicções humanistas levaram a jovem médica, de convicções socialistas e humanistas, a se envolver com os movimentos políticos mais avançados daqueles dias. Ela foi denunciada ao Estado Novo, do presidente Getúlio Vargas, por "carregar livros marxistas". Em 1935, após um levante militar que ficou conhecido como Intentona Comunista, teve início no país uma caça às bruxas. Em 1936, Nise foi presa, sob a acusação de atividades comunistas, ficando um ano encarcerada no presídio Frei Caneca. Ali conviveu com figuras históricas como Olga Benário Prestes, Beatriz Werneck de Castro, o Barão de Itararé e Graciliano Ramos – que a incluiu em seu livro *Memórias do cárcere*.

PERSEGUIÇÕES

Com a prisão, Nise da Silveira perdeu o emprego no hospital e teve que lutar para ser readmitida no serviço público. Uma ordem da polícia política proibia sua volta, o que só aconteceu em 1944, quando retornou ao Hospital da Praia Vermelha como médica psiquiátrica.

"Estava em voga na psiquiatria uma série de tratamentos e medicamentos novos que antes não se usavam. Fui trabalhar numa enfermaria com um médico inteligente, mas que estava adaptado àquelas inovações. Então me disse: 'A senhora vai aprender as novas técnicas de tratamento. Vamos começar pelo eletrochoque'. Paramos diante da cama de um doente que estava ali para tomar eletrochoque. O psiquiatra apertou o botão e o homem entrou em convulsão. Ele então mandou levar aquele paciente para a enfermaria e pediu que trouxessem outro. Quando o novo paciente ficou pronto para a aplicação do choque, o médico me disse: 'Aperte o botão'. E eu respondi: 'Não aperto'. Aí começou a rebelde."

Ela então usou um espaço desativado no hospital como sala de pintura e de modelagem, sugerindo aos pacientes que fizessem o que a mão, o coração e o poder da criação mandassem.

Do baú

Ao criar o Museu de Imagens do Inconsciente no Rio de Janeiro, no começo da década de 1950, Nise da Silveira prestou um serviço significativo não só aos anais da literatura médica, mas também à memória das artes plásticas. Ali, ela começou a reunir peças produzidas pelos seus pacientes, juntando o maior e mais original acervo de obras artísticas produzidas por pessoas em processo de reabilitação.

As instituições e o livre pensar

"Como eu jamais seria uma historiadora, porque sou mais uma pessoa que olha para o futuro, comecei a estudar a psicologia junguiana. Mas o hospital não me deu recursos, eu não podia viajar, porque sou pobre. Eu excluí as instituições porque não gosto delas. Há pessoas nos meus grupos de estudos que não pagam nada. Entram e saem se quiserem, vão embora e, se quiserem voltar, voltam. Eu trabalho fora dos moldes convencionais, mas nem por isso deixo de ter amigos nesses moldes convencionais. Porque cada um tem direito de pensar como quiser."

(Nise da Silveira, em entrevista ao Conselho Regional de Psicologia-SP, edição 103, publicada no portal da entidade).

O MUSEU DE IMAGENS DO INCONSCIENTE E A CASA DAS PALMEIRAS

Duas importantes instituições da doutora Nise da Silveira continuam em atividade: O Museu de Imagens do Inconsciente e a Casa das Palmeiras.

O Museu foi criado para estimular a criatividade dos pacientes, que começaram a expressar medos, dúvidas e angústias por meio da arte, pintando, desenhando, fazendo colagens e esculturas. Gerou um acervo valioso e revelou artistas plásticos como Artur Bispo do Rosário.

A Casa das Palmeiras foi criada como uma clínica voltada para o trabalho de reabilitação de antigos pacientes de instituições psiquiátricas. Nas suas instalações, "artistas" podiam expressar sua criatividade, sendo tratados como pacientes externos (que viviam em casa e iam para lá apenas para receber o tratamento), numa etapa intermediária entre a rotina hospitalar e sua reintegração à vida em sociedade. Sob a batuta de Nise da Silveira, a Casa não seguia padrões convencionais de reabilitação, e era considerada uma experiência pioneira e inovadora na América Latina.

Olho clínico

Os tratamentos psiquiátricos no Brasil (que antes submetiam os doentes a eletrochoques e outras formas de violência) nunca mais foram os mesmos desde o dia em que a doutora Nise provou a seus superiores que poderia usar a pintura, a escultura e a modelagem para instigar a mente, despertar a criatividade e abrir novas portas no mundo nebuloso de mentes atormentadas – como doentes mentais, pessoas neurologicamente afetadas ou até mesmo psicopatas diagnosticados.

10 OBRAS FUNDAMENTAIS PARA SE ENTENDER UMA BRASILEIRA FUNDAMENTAL

"C.G. Jung e a psiquiatria". *Revista Brasileira de Saúde Mental*, Brasília, 1962-1963.

"20 anos de terapêutica ocupacional em Engenho de Dentro: 1946-1966". *Revista Brasileira de Saúde Mental*. Brasília, 1966.

Jung, vida e obra. Rio de Janeiro: José Álvaro, 1968.

O museu de imagens do inconsciente. Brasília: Funarte, 1980.

Casa das Palmeiras: A emoção de lidar – Uma experiência em psiquiatria. Rio de Janeiro: Alhambra, 1986.

Imagens do inconsciente. Rio de Janeiro: Alhambra, 1987.

A farra do boi. Rio de Janeiro: Numem, 1989.

Artaud, a nostalgia do mais. Rio de Janeiro: Numem, 1989.

Cartas a Spinoza. Rio de Janeiro: Numem, 1990.

O mundo das imagens. São Paulo: Ática, 1992.

NOEL ROSA
Quando o samba nascia do coração

A lua, o conhaque, a derradeira
A Vila, o cansaço, a corredeira
As noites que jamais se acabavam
Na mesa do café ou do bilhar.

Noel, lua de mel com a madrugada
A vida não resiste a uma canção
Uns versos no papel, toalha molhada,
Ciência de viver na contramão.

Há tanto o que fazer e a vida é curta
As rosas enfeitando o seu caminho
Noel entre a mistura mais fajuta
E o corpo a desenhar lençol de linho.

Polícia, gigolôs, arruaceiros
E o que jamais achou na medicina
A falta de saúde ou de dinheiro
A lua, em cada cruz, em cada esquina.

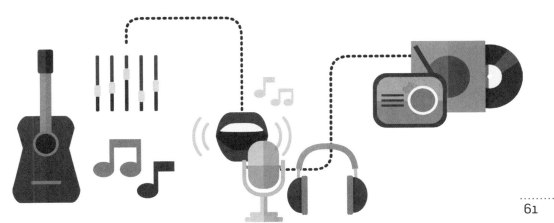

REGISTRO GERAL

NOEL DE MEDEIROS ROSA

11 dez. 1910 – 4 maio 1937

Rio de Janeiro-RJ

Cantor e compositor

Filho de um gerente de loja de roupas (Manuel Rosa) e de uma dona de casa (Marta de Medeiros Rosa). Gênio indiscutível da nossa canção, passeou por diversos gêneros com a mesma elegância, deixando uma obra de tirar o fôlego: mais de duzentas músicas em menos de 27 anos de vida.

O QUE É UM COMPOSITOR?

É aquele que compõe canções, músicas populares, clássicas ou eruditas, de qualquer gênero. Noel Rosa era um compositor popular, criador de canções – sambas, choros, samba-canções, músicas carnavalescas – que caíam, imediatamente, no gosto do povo.

E A MEDICINA PERDEU UM DOUTOR...

Noel teve infância de menino classe média no Rio de Janeiro, com direito a escola, alimentação na hora certa, roupas bem passadas e lazer. Estudou em bons colégios e chegou à faculdade de medicina. Chegou, mas não ficou. O samba (que não se aprende no colégio) falou mais alto. A medicina perdeu um doutor, mas a música brasileira ganhou um de seus maiores compositores.

Carteira escolar

Já alfabetizado pela mãe, Noel Rosa foi matriculado no Colégio Maisonnete quando tinha treze anos (na época, era muito comum as crianças serem alfabetizadas em casa pela mãe, pela tia ou por uma vizinha, e ir para a escola oficial bem mais tarde). Depois foi para o São Bento, onde ficou até 1928, quando passou no vestibular para medicina.

O COMEÇO PROFISSIONAL, AOS DEZOITO ANOS

O genial poeta da Vila aprendeu a tocar bandolim aos treze anos e logo começou a tocar violão. Gravou a primeira música, a valsa "Ingênua", em 1928. Dois anos depois estourou com a irreverente "Com que roupa?". Em 1929 começou a se apresentar ao lado de Almirante, João de Barro (o Braguinha), Alvinho e Henrique Brito no conjunto Bando dos Tangarás.

Em 1931, ainda tentando conciliar as atividades de estudante de medicina com as de compositor, cantor, boêmio e namorador inveterado, gravou mais de vinte músicas e viu seu nome consagrado, sobretudo por conta da divertida "Gago apaixonado": "Mu-mu-um-um-mulher/ Me fi--fi-fi-zeste um estrago/ Eu de nervoso tô fi-fi-ficando gago".

Trabalhou em vários programas de rádio (escrevendo programas, produzindo ou mesmo cantando e tocando) e, em 1932, entrou para o trio Bambas do Estácio, com Ismael Silva e Francisco Alves. Em 1934 passou para o grupo Gente do Morro, com Benedito Lacerda, Russo do Pandeiro e Canhoto.

EM SETE ANOS, MAIS DE DUZENTAS MÚSICAS

Entre os anos de 1930 e 1937, Noel compôs mais de duzentas músicas, entre sambas, marchinhas e samba-canções. Inúmeros cantores importantes naqueles anos gravaram suas criações, entre eles Aracy de Almeida, Francisco Alves e Mario Reis. Mestres da Música Popular Brasileira como Chico Buarque e Paulinho da Viola sempre fizeram questão de realçar a influência que Noel Rosa teve em suas obras.

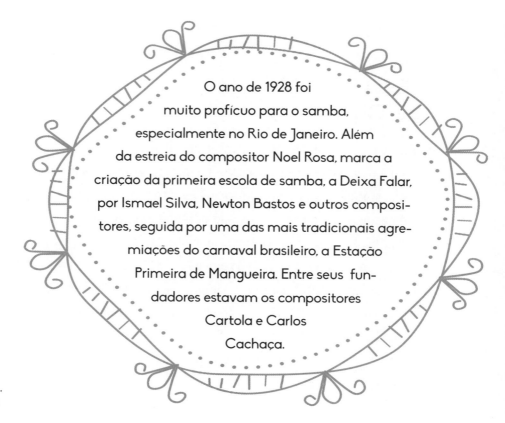

O ano de 1928 foi muito profícuo para o samba, especialmente no Rio de Janeiro. Além da estreia do compositor Noel Rosa, marca a criação da primeira escola de samba, a Deixa Falar, por Ismael Silva, Newton Bastos e outros compositores, seguida por uma das mais tradicionais agremiações do carnaval brasileiro, a Estação Primeira de Mangueira. Entre seus fundadores estavam os compositores Cartola e Carlos Cachaça.

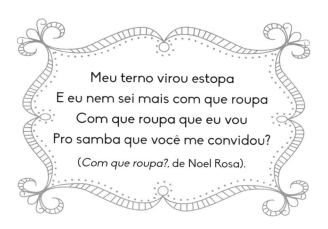

> Meu terno virou estopa
> E eu nem sei mais com que roupa
> Com que roupa que eu vou
> Pro samba que você me convidou?
> (*Com que roupa?*, de Noel Rosa).

CASAMENTO E DOENÇA

Noel Rosa, o poetaço da Vila, se destacou no universo ainda pequeno dos grandes compositores cariocas, namorando coristas e produzindo sem parar. Em 1934, casou-se com Lindaura, moça da alta sociedade. Acostumado a passar noites nos cabarés do bairro da Lapa, cantando, bebendo e fumando, contraiu tuberculose, uma doença preocupante naqueles tempos pré-penicilina. Foi então para Belo Horizonte para se tratar. Na volta, achando-se curado, caiu de novo na vida boêmia – detonando de vez o casamento e a própria saúde. Morreu antes de completar 27 anos.

RENASCIMENTO

No final dos anos 1940, Aracy de Almeida reiniciou uma campanha de regravações da obra do mestre da Vila. A partir daí veio o reconhecimento definitivo do trabalho de Noel. Nunca mais o Brasil parou de regravar e de cantar suas composições, nas casas, nos clubes, nos bailes, nos *shows*, nas rodas de samba, onde quer que se respire música brasileira.

UMA POLÊMICA MUITO POLÊMICA

Muito se fala e se escreve sobre a polêmica de sambas que colocou, cada um de um lado do ringue musical, os compositores Noel Rosa e Wilson Batista. A peleja teve início em 1933, quando Wilson Batista lançou um samba fazendo o elogio da malandragem. No Rio de Janeiro daquela época (onde Noel e Wilson viviam), o malandro desfilava e imperava pelas ruas da Lapa. O samba chamava-se "Lenço no pescoço" e falava sobre chapéu de lado, tamanco arrastando, navalha no bolso... O típico malandro. Noel Rosa, já então um compositor muito respeitado e para quem malandro era "uma palavra derrotista/ que tira todo o valor de um sambista", resolveu fazer um samba questionando a tal malandragem de Wilson. Saiu "Rapaz folgado", naturalmente com endereço certo: "Deixa de arrastar o teu tamanco/ Pois tamanco nunca foi navalha".

Wilson reagiu com um samba chamado "Conversa fiada", que serviu para mais uma vez provocar Noel Rosa, o que fez brotar a obra-prima chamada "Palpite infeliz": "Quem é você que não sabe o que diz/ Meu Deus do céu, que palpite infeliz".

Acuado no canto do ringue, o grande Wilson Batista pegou pesado. Usou o que em gíria de boxe chamam de golpe baixo. Atacou com o violento "Frankenstein da Vila", fazendo referências inclusive ao defeito físico que tanto incomodava Noel.

Depois de mais duas ou três "cutucadas" de cada lado, os compositores resolveram deixar claro que a polêmica não passava de uma jogada de *marketing* artística e encerraram a disputa, criando inclusive um samba que recebeu letra feita por um e depois pelo outro, chamado "Terra de cego".

Você sabia...

... que o autor de composições sagradas da MPB, que tinha a capacidade impressionante de compor verdadeiras crônicas musicais, inspiradas no dia a dia da cidade, dos bares, dos cabarés, dos amores perdidos ou dos reencontros, veio ao mundo marcado (e para sempre) pelo fórceps que lhe fraturou e afundou o maxilar inferior? A marca profunda no rosto fez com que ganhasse o apelido de Queixinho, que muito o incomodava.

Do baú

"Caro amigo Vadico. Bom. Há dois dias que lhe procuro em vão. A Araci de Almeida tem que gravar o nosso samba 'Só pode ser você'. E quem há de escrevê-lo nas claves de sol e fá? Só pode ser você mesmo. Para evitar desencontros, é favor que você a entregue pessoalmente até as 17 horas à dona Mercedes. Um abraço do velho Noel".

(Bilhete de Noel Rosa para seu parceiro Vadico, transcrito por Bruno Ferreira Gomes no livro *Wilson Batista e sua época*, Funarte, 1985).

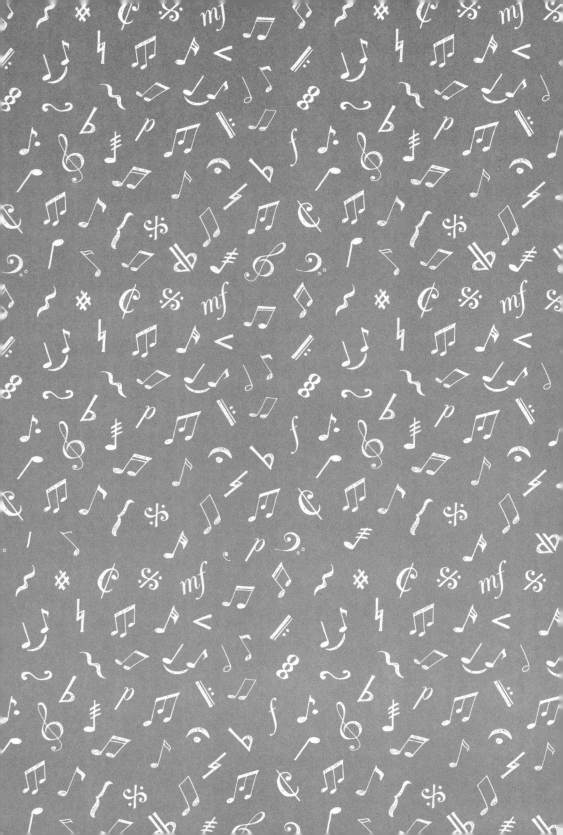

10 OBRAS INESQUECÍVEIS (ENTRE TANTAS OUTRAS) DE UM BRASILEIRO QUE NINGUÉM ESQUECE

"Com que roupa?" (1929)

"Gago apaixonado" (1930)

"Uma jura que fiz",
com Ismael Silva e Francisco Alves (1932)

"Positivismo",
com Orestes Barbosa (1933)

"Três apitos" (1933)

"Feitiço da Vila",
com Oswaldo Gogliano (1934)

"Palpite infeliz" (1935)

"Pela décima vez" (1935)

"O X do problema" (1936)

"Último desejo" (1937)

ORLANDO VILLAS BÔAS
O aventureiro generoso

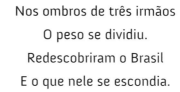

Nos ombros de três irmãos
O peso se dividiu.
Redescobriram o Brasil
E o que nele se escondia.

Cláudio, Leonardo e Orlando
Juntos na mesma missão
Reescreveram a canção
Que do chão vinha brotando.

Nas selvas da nossa terra
Havia um povo escondido
Entre o silêncio e a guerra
Seu grito desconhecido.

Orlando, o pioneiro,
Era só força e coragem
E soube ver como guerreiro
A quem se via como selvagem.

> **REGISTRO GERAL**
>
> ORLANDO VILLAS BÔAS
>
> 12 jan. 1914 – 12 dez. 2002
>
> Santa Cruz do Rio Pardo, São Paulo
>
> Indigenista
>
> Foi um dos homens mais vibrantes, destemidos e interessantes deste país, com uma peculiar história de vida, inteiramente dedicada ao humanismo. Comoveu pela generosidade, pela lucidez e pelo carinho e dedicação com que – juntamente com os irmãos Cláudio e Leonardo – devotou toda a sua existência à vida dos índios brasileiros.

O QUE É UM INDIGENISTA?

É o indivíduo que se dedica à integração e proteção da população indígena, apoiando, colaborando, atualizando ou mesmo criticando em busca de melhorias o trabalho da Fundação Nacional do Índio, a Funai.

A legislação indigenista brasileira (reformulada em 1996) é reconhecida internacionalmente como das mais avançadas. Os direitos indígenas inscritos na Constituição tornaram-se modelo para diversos países.

OS TRÊS MOSQUETEIROS

Os irmãos Cláudio (1916-98), Leonardo (1918-61) e Orlando dedicaram toda a sua vida à causa indígena. Alimentaram o sonho de fazer alguma coisa efetiva por essa população até que, nos anos 1940, partiram para a ação, trocando o conforto da cidade grande pelas regiões mais escondidas e inóspitas do país.

O COMEÇO DA JORNADA

Em 1942, o então presidente Getúlio Vargas, após uma viagem pela região do rio Araguaia, concluiu que a população brasileira vivia praticamente toda na faixa litorânea do país. Então, resolveu "interiorizar" o Brasil, criando a Expedição Roncador-Xingu.

Cláudio, Leonardo e Orlando se meteram no mato com a expedição, conheceram diversas tribos e agrupamentos indígenas, pacificaram os perigosos e arredios xavantes, e mantiveram o espírito grandioso e libertador por toda a vida.

FALSOS ANALFABETOS

A princípio, os organizadores da Expedição Roncador-Xingu tinham como orientação contratar apenas analfabetos. Os irmãos se inscreveram, alegando essa condição, e dizendo-se sertanejos. Foram contratados: Orlando como secretário da base, Cláudio como chefe do almoxarifado e Leonardo como encarregado do pessoal.

"A gente conversa, grita, chora, esperneia, escreve, fala, mas sem o menor resultado, sem a menor repercussão, porque a salvação, a defesa do nosso índio, a dívida que nós temos para com eles, só um setor pode pagar: é o poder central da República. Ele é o tutor do índio, e a Fundação Nacional do Índio exerce essa tutela em nome da União" (Em entrevista ao programa *Roda Viva*, da TV Cultura, em 19 de abril de 1993).

> ## Do baú
>
> "Nós não estamos em contato com um povo de cultura primitiva, nem em contato com um povo de cultura paralela. Nós estamos tendo oportunidade de viver uma outra humanidade, com uma outra ética, outra moral, outra visão do mundo"
>
> (Claude Lévi-Strauss sobre o índio brasileiro, em correspondência com Orlando Villas Bôas).

"Nós fomos três irmãos que perderam a emoção de viver na cidade grande. A gente não queria mais morar em São Paulo e não podia mais voltar para o interior de onde viemos, Sorocabana, Botucatu, Assis..."

(Em entrevista à revista *Bundas*, n. 35, fevereiro de 2000).

A GRANDE CAMINHADA

Para se aproximar dos xavantes, Orlando Villas Bôas e sua equipe fundaram um posto às margens do rio Roncador, desceram o rio Carueme, atingiram a Serra do Cachimbo e desceram pelo rio Tapajós. Depois desceram o rio Xingu, subiram o rio Mauritisuará, e cruzaram, a nado, mais dois rios menores.

A epopeia, a pé, de barco, a canoa e a nado cobriu mais de 3 mil quilômetros!

Você sabia...

... que Orlando Villas Bôas ajudou a criar a Fundação Nacional do Índio, a Funai, em 1967? Mais tarde, tornou-se funcionário do órgão, fazendo parte dele até 2000.

O índio brasileiro, na visão de quem o conheceu profundamente

"Quando o índio passa a ter confiança na gente, e a gente retribui essa confiança, é uma coisa fantástica. O grande benefício que trouxemos ao índio foi mostrar para a sociedade brasileira que estamos em contato com um povo que não tem nada de selvagem. O índio raciocina melhor do que nós. Vivemos quarenta e tantos anos entre eles e nunca vimos um homem discutir com outro, nunca vimos um marido brigar com uma mulher.

(...)

Os índios brasileiros são classificados em quatro grandes troncos: Aruaque, Caribe, Tupi e Jê. O que não couber nessas quatro classificações faz parte das línguas isoladas. Tem línguas que não foram ainda classificadas. Antropólogo no Brasil é uma beleza. Se não tiver sorveteria perto, eles não vão"

(Em entrevista à revista *Bundas*, n. 35, fevereiro de 2000).

10 HOMENAGENS JUSTAS E MERECIDAS A UM BRASILEIRO JUSTO E MERECEDOR

Em 1997, recebeu o título de doutor *honoris causa* pela Universidade Federal de Ouro Preto.

Em 2001, foi tema do enredo da escola de samba Camisa Verde e Branco no Carnaval paulista.

Em 2004, recebeu (em memória) a Ordem do Mérito Cultural, concedida pelo Ministério da Cultura.

Em 2005, recebeu o título de doutor *honoris causa* (em memória) da Unesp.

Em 2010, recebeu (em memória) a Medalha Joaquim Nabuco, do Conselho Nacional de Justiça, como reconhecimento por sua dedicação aos direitos humanos.

Em 2010, foi homenageado pela Prefeitura de São Paulo com a criação do Parque Leopoldina Orlando Villas Bôas, na Vila Leopoldina.

Recebeu a Medalha do Fundador, concedida pela Sociedade Geográfica Real de Londres, com a aprovação da rainha da Inglaterra.

Recebeu o grau oficial da Ordem do Rio Branco e a Medalha Grão-Mestre da Ordem Nacional do Mérito, as mais altas condecorações do governo brasileiro.

Recebeu do governo norte-americano o título de membro do Clube dos Exploradores de Nova York.

Foi indicado ao Prêmio Nehru da Paz e ao Prêmio Nobel da Paz por Julian Huxley e Claude Lévi-Strauss.

OSCAR NIEMEYER
A arquitetura no Brasil e no mundo

O ferro e a forma

Desde que o mundo é concreto,
Ele é também concretude.
Pôr do sol, visto amiúde,
Lembra uma pedra se queimando.
Um homem se revelando
Parece flor quando aflora,
Pois o que é ontem é agora
Dentro da imaginação:
Pomba, São Jorge, dragão,
É tudo redesenhado,
Recebe um novo tratado,
A mão vira contramão.
Ferro cospe poesia.
A forma não se segura.
O fim vai recomeçar.
Arde assim a arquitetura
No traço do seu Oscar.

REGISTRO GERAL

OSCAR NIEMEYER RIBEIRO SOARES FILHO

15 dez. 1907 – 5 dez. 2012

Rio de Janeiro

Arquiteto

Um dos brasileiros mais conhecidos no mundo, foi um dos principais expoentes da arquitetura moderna. Com um extenso currículo, recebeu em 1996 o Leão de Ouro da Bienal de Veneza.

O QUE É ARQUITETURA?

Pode ser considerada a arte de criar espaços organizados e animados, por meio do agenciamento urbano e da edificação, para abrigar diferentes tipos de atividades humanas. Ou, numa linguagem mais simples e direta, é a arte de "edificar" as obras arquitetônicas de um país, de uma época. As ideias arquitetônicas são traduzidas na concepção, no projeto, no desenho; e aí entra a arte no trabalho do arquiteto.

UM ARTISTA!

Niemeyer ganhou reconhecimento a partir da exploração das possibilidades plásticas e construtivas do material pesado, produzindo obras grandiosas e inventivas, marcadas pelo uso criativo e generoso de curvas em detrimento das linhas e ângulos retos.

Socialista desde sempre, incansável combatente das boas causas e da esperança no ser humano, declarou em entrevista, a respeito de sua visão da arquitetura e do mundo, quando já beirava os cem anos: "A gente tem que ter uma esperança. A luta vem de longe. A vida é um minuto, toda feita de choros e de risos. E vivê-la dignamente deve ser o mais importante para nós. Isso explica o que penso da arquitetura" (*Opasquim21*, n. 70, julho de 2003).

Carteira escolar

Carioca do bairro de Laranjeiras, Oscar Niemeyer era filho de funcionário público modesto que valorizava o aprendizado e a educação sobre todas as coisas. Em 1928, casou com Anita Baldo, filha de imigrantes italianos, e no ano seguinte já esquentava os bancos universitários: entrou para a Escola Nacional de Belas-Artes no Rio de Janeiro, onde se formou engenheiro arquiteto em 1934.

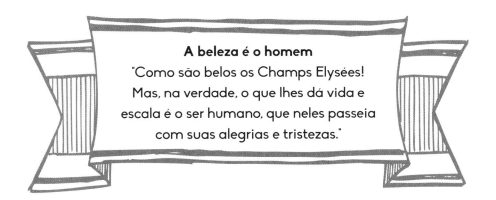

A beleza é o homem
"Como são belos os Champs Elysées! Mas, na verdade, o que lhes dá vida e escala é o ser humano, que neles passeia com suas alegrias e tristezas."

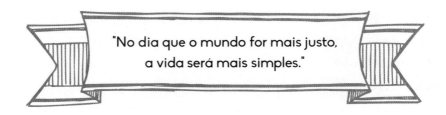

"No dia que o mundo for mais justo, a vida será mais simples."

CONHECER JK FOI FUNDAMENTAL

Niemeyer começou para valer na profissão como estagiário no escritório de Lúcio Costa e Carlos Leão. Em 1936, foi designado para colaborar com o arquiteto suíço Le Corbusier, que participava de um projeto do Ministério da Educação do Rio de Janeiro.

Em 1940, teve a oportunidade de conhecer o então prefeito de Belo Horizonte, Juscelino Kubitschek. Convidado pelo político, realizou seu primeiro grande projeto: o Conjunto Arquitetônico da Pampulha, formado por um Cassino, a Casa de Baile, o Clube e a Igreja de São Francisco de Assis. A esse respeito, comentou em entrevista: "Pampulha foi o início de Brasília. A mesma correria, as mesmas angústias, o mesmo entusiasmo" (*Opasquim21*, n. 70, julho de 2003).

BRASÍLIA, A OBRA MAIOR

No fim dos anos 1950, a convite do então presidente da República, Juscelino Kubitschek, Niemeyer projetou, no Planalto Central do país, grande parte das obras de Brasília, a futura capital federal, incluindo a Praça dos Três Poderes, os prédios do Congresso Nacional, do Supremo Tribunal Federal e o Palácio do Planalto. A inauguração da nova capital do país ocorreu em 21 de abril de 1960.

"A primeira vez que eu fui a Brasília, foi com o Juscelino e o pessoal do gabinete dele. Chegamos, não tinha nada – inteiro abandono, a terra vazia –, mas o entusiasmo dele era tanto que a todos contaminou. Brasília foi feita dentro do prazo. A arquitetura difícil de elaborar, sem nada, sem nenhum programa" (*Opasquim21*, n. 70, julho de 2003).

Os mistérios da vida

"Ah, como o homem foi curioso, tentando descobrir os mistérios da vida, procurando fazer o mundo melhor! Como foram importantes os movimentos de protesto! A Revolução Francesa, a Comuna de Paris, a revolta contra o czar, a Revolução de Outubro e, depois, a Revolução Cubana. Como Fidel soube arriscar!"

(*Opasquim21*, n. 70, julho de 2003).

EXÍLIO

Com o golpe militar de 1964, Niemeyer se exilou na França. De volta em 1979, projetou monumentos importantes, como os prédios do Centro Integrado de Educação Pública e o Sambódromo do Rio de Janeiro.

Depois de Brasília, Niterói, no Rio de Janeiro, é a cidade que tem o maior número de obras de Niemeyer, como o Museu de Arte Contemporânea, em estilo futurista, inaugurado em 1991.

Em São Paulo, Niemeyer projetou o Memorial da América Latina, o edifício Copan e as construções do Parque do Ibirapuera.

A ÚLTIMA OBRA

Inaugurada nos últimos dias de 2013, a Torre Oscar Niemeyer, no Rio de Janeiro, foi a última criação arquitetônica concebida pelo mestre e a primeira a ser inaugurada após sua morte. A torre é reta no alto e curva na base, e nela funciona agora a Fundação Getúlio Vargas.

Do baú

"Apesar da família católica, nunca acreditei em Deus. Para mim, como os outros bichos da terra, somos apenas filhos da Natureza. Gosto até de conversar com os padres. O que eu detesto é a hipocrisia. [...] Um problema da Catedral de Niterói levou-me a dom Eugenio Sales. Uma conversa boa, que nunca esqueci. Depois soube que ele era uma pessoa progressista. No tempo da ditadura, contam que mandou fazer uma obra na igreja, um salão fechado para guardar coisas importantes. E ali guardou muitos comunistas."

Olho clínico

"Hoje, depois da morte do Niemeyer, ficou difícil encontrar um comunista autêntico."
(Luis Fernando Verissimo, *O Globo*, 5 dez. 2013).

10 CRIAÇÕES ARQUITETÔNICAS FUNDAMENTAIS

(citando apenas as que estão no Brasil), nascidas na prancheta de um brasileiro nota 10 com louvor

Catedral de Brasília

Congresso Nacional (Brasília, DF)

Museu de Arte Contemporânea (Niterói, RJ)

Museu Oscar Niemeyer (Curitiba, PR)

Palácio da Alvorada (Brasília, DF)

Palácio do Planalto (Brasília, DF)

Palácio Itamaraty (Brasília, DF)

Praça dos Três Poderes (Brasília, DF)

Superior Tribunal Federal (Brasília, DF)

Teatro Nacional de Brasília

OSWALDO CRUZ
A saúde e a polêmica

A peste, a fome, o cansaço,
Dor na perna, dor no braço,
Enxaqueca, diabetes, hemorragia
Diarreia, catapora,
Suor de noite ou de dia,
Achaques fora de hora,
Desacerto ou invalidez,
Desnutrição, vida dura...
Tudo no mundo se cura,
Menos a estupidez.

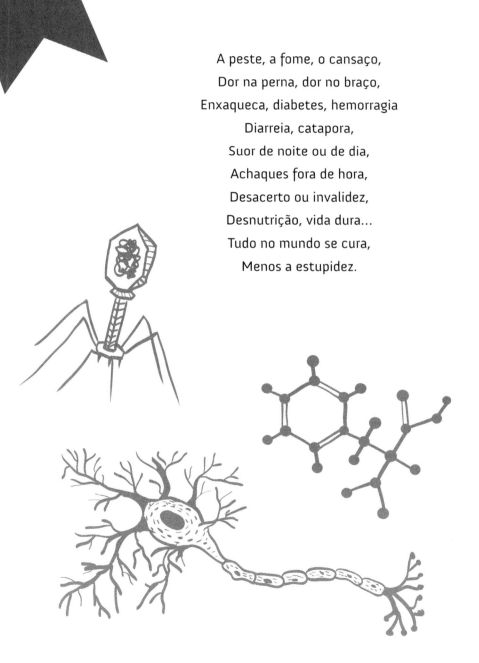

REGISTRO GERAL

OSWALDO GONÇALVES CRUZ

5 ago. 1872 – 11 fev. 1917

São Luiz do Paraitinga, São Paulo

Sanitarista

Filho do médico Bento Gonçalves Cruz e de Amália Taborda de Bulhões. Médico, ousado e corajoso, foi o pioneiro no estudo das moléstias tropicais e da investigação científica no Brasil. Por todo o seu trabalho, sua imensa contribuição à saúde pública e à erradicação de doenças, é considerado um dos mais importantes nomes da saúde pública brasileira, e por isso o Dia Nacional da Saúde é comemorado na data de sua morte.

O QUE É UM SANITARISTA?

É o especialista em saúde pública, em assuntos sanitários. Podemos acrescentar a essa definição de higienista a incumbência de controlar e fiscalizar o cumprimento de normas e padrões de interesse sanitário, sempre procurando melhorar a saúde da população.

O QUE É SAÚDE PÚBLICA?

Um especialista no assunto, o médico sanitarista Ary Miranda, da Fundação Oswaldo Cruz, explica:

"As questões relativas à saúde das populações, ou seja, a saúde pública, têm sido tratadas, desde a emergência do capitalismo, a partir de diversas concepções, tais como polícia médica, higienismo, medicina preventiva, medicina social, apenas para citar algumas. São concepções que orientam práticas que vão desde a coerção do Estado sobre as populações àquelas que transferem ao indivíduo a responsabilidade da prevenção da doença e da proteção da saúde dele próprio e de sua família.

É importante destacar que a saúde pública desencadeia suas ações a partir do Estado, que representa interesses dominantes das diversas formas de organização social e nos conflitos da sociedade civil. Nesta dinâmica, aplica os conhecimentos científicos para organizar sistemas e serviços de saúde para responder às demandas de saúde do conjunto da sociedade, através de ações governamentais de vigilância e atenção à saúde. No entanto, esse escopo de ação não dá conta da complexidade dos fenômenos relacionados à determinação das condições de saúde. Será, então, no conceito da saúde coletiva que devemos buscar resposta mais adequada aos desafios da saúde pública.

A saúde coletiva é um movimento que surge na América Latina, nos anos 1970, e se constitui como um campo de saber e prática que enfatiza a saúde como expressão de fatores econômicos, políticos, sociais, culturais e biológicos, concebendo-a como direito de cidadania e dever do Estado. Isso significa que seus preceitos éticos vinculam-se à emancipação humana. Assim, como assinala o professor Jairnilson da Silva Paim, em seu trabalho intitulado 'Desafios para a saúde coletiva no século XXI', a saúde coletiva postula mudanças significativas no modelo gerencial, organizativo e operativo do sistema de serviços de saúde, no desenvolvimento tecnológico dessa área, na formação e capacitação de pessoal no setor e, principalmente, nos níveis de consciência sanitária das populações, tendo em vista a melhoria das condições de vida e a redução das desigualdades sociais. São transformações fundamentais para que se possa alcançar melhores condições de saúde. Isso exige ações no âmbito da mais ampla articulação com a sociedade civil, através de sindicatos, organizações populares, grupos religiosos, partidos políticos e demais expressões sociais, o que faz do sanitarista não apenas um técnico que deve trabalhar com os diversos campos de conhecimento que a saúde exige, mas um ser biopolítico."

Carteira escolar

Oswaldo Cruz tinha cinco anos quando a família se mudou para o Rio de Janeiro. Aprendeu as primeiras letras com a mãe e sentou-se pela primeira vez em um banco escolar no Colégio Laure. Depois foi para o Colégio São Pedro de Alcântara e o Externato Pedro II. Talvez por ter sido filho de médico, desde muito jovem decidiu que seguiria essa profissão. Aos quinze anos ingressou na faculdade de medicina e, segundo texto extraído da *Revista de Manguinhos*, de maio de 2005, "não era um aluno brilhante, mas desde a primeira vez que observou microrganismos ao microscópio apaixonou-se por eles".

UROLOGISTA EM PARIS

Recém-casado e recém-formado, o médico Oswaldo Cruz fez o que fazia a maioria dos jovens ambiciosos de sua geração: foi completar os estudos e se aprimorar em Paris. Logo conseguiu estágio no prestigiado Instituto Pasteur e, para garantir o ganha-pão, arrumou emprego como urologista em uma clínica.

O ENCANTO PELA MICROBIOLOGIA

O grande projeto do jovem pesquisador era mesmo a bacteriologia. Sensibilizado por esse campo da ciência, Oswaldo Cruz aprofundou seus estudos nessa área no Instituto Pasteur e, ao retornar ao Brasil, foi designado pela Diretoria Geral de Saúde Pública do país para investigar casos de suspeita de peste bubônica em Santos. A epidemia foi confirmada pelo jovem médico, e o único tratamento para a doença, o soro antipestoso, não era produzido aqui.

Oswaldo Cruz usou todo o seu aprendizado para ajudar a criar dois institutos soroterápicos, um em São Paulo e outro no Rio de Janeiro. Ambos tiveram toda a estrutura de instalação e de funcionamento comandada por Cruz, que foi por muito tempo o diretor-geral de Saúde Pública no Brasil – cargo equivalente ao de ministro da Saúde.

Utilizando o Instituto Soroterápico Federal como base de apoio técnico-científico, o médico deflagrou inúmeras campanhas de saneamento. Em poucos meses, a incidência de peste bubônica foi reduzida com o extermínio dos ratos, cujas pulgas transmitiam a doença.

FEBRE AMARELA E VARÍOLA

O Rio de Janeiro do final do século XIX e início do século XX era uma cidade assolada por doenças como varíola, febre amarela e peste bubônica. Os cortiços eram numerosos e as primeiras favelas já surgiam. Foi nesse cenário que Oswaldo Cruz foi nomeado diretor-geral de Saúde Pública. Para debelar as doenças, tomou providências autoritárias, que desagradaram a muita gente, como a derrubada de cortiços e favelas, para combater a proliferação de ratos e mosquitos, além da vacinação obrigatória da população, que reagiu. Oswaldo Cruz pagou um preço alto, apesar dos resultados alcançados.

No caso da febre amarela, parte dos médicos e da população acreditava que a doença era transmitida pelo contato com roupas, suor, sangue e secreções de doentes. Já Oswaldo Cruz sabia que o transmissor da doença era um mosquito. Assim, suspendeu as desinfecções, método tradicional no combate à moléstia, implantando medidas sanitárias (brigadas para eliminar focos do inseto em casas, jardins, quintais e ruas) e combatendo a água estagnada, em que se desenvolviam as larvas dos mosquitos. Essa medida é colocada em prática por autoridades da saúde até os dias de hoje, quando iniciam campanhas de combate ao mosquito da dengue, por exemplo. Mas, naqueles anos difíceis, o pouco conhecimento a respeito do tema provocou uma forte reação.

Oswaldo Cruz determinou que a população brasileira deveria ser imunizada, ou seja, vacinada. Essa imunização obrigatória, somada à decisão de derrubar cortiços e favelas, gerou enorme revolta na população, evento que ficou conhecido como Revolta da Vacina.

Oswaldo Cruz considerou-se injustiçado por esse episódio, acreditando que, um dia, suas decisões rigorosas, bem como seu valor como sanitarista, seriam reconhecidos. Isso não demorou muito: em 1908, um surto de varíola levou a população a abarrotar os postos de vacinação.

INSTITUTO OSWALDO CRUZ

Ainda em 1908, o Instituto Soroterápico Federal foi rebatizado como Instituto Oswaldo Cruz. Nesse mesmo ano, o sanitarista foi eleito o primeiro presidente da Cruz Vermelha Brasileira, instituição renomada de ajuda humanitária cuja missão é atenuar o sofrimento dos necessitados.

FIOCRUZ

O Instituto Oswaldo Cruz assumiu o nome de Fundação Instituto Oswaldo Cruz (Fiocruz) e em seguida apenas Fundação Oswaldo Cruz.

Hoje uma das instituições de ciência e tecnologia em saúde mais respeitadas no país, a Fiocruz desenvolve atividades em cinco linhas estratégicas: pesquisa, ensino, produção, serviços e informação/comunicação, respondendo às necessidades de saúde da população brasileira. Localizada no bairro de Manguinhos, no Rio de Janeiro, seu trabalho não se limita ao estado onde está instalada: as condições de vida das populações carentes nos diversos estados do Brasil estão sempre entre as preocupações dos sanitaristas e estudiosos da instituição, que desenvolvem campanhas públicas do interesse de toda a rede de saúde pública do país.

Do baú

Oswaldo Cruz foi o primeiro prefeito da cidade de Petrópolis, no Rio de Janeiro, para onde se mudou em 1916, em busca de repouso e recuperação da saúde. Ficou na Prefeitura menos de um ano, pois morreu no ano seguinte.

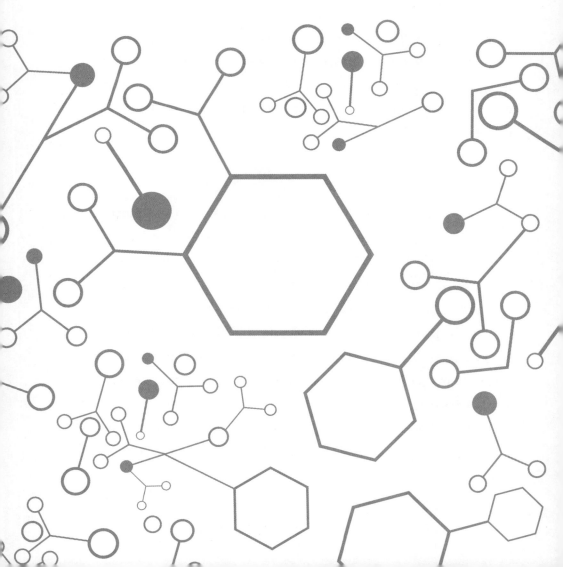

10 HOMENAGENS JUSTAS E MERECIDAS A UM BRASILEIRO JUSTO E MERECEDOR

Em 1909, quando o médico e pesquisador Carlos Chagas descobriu o protozoário causador da tripanossomíase americana (popularmente conhecida como doença de Chagas), chamou-o de *Trypanosoma cruzi*, em homenagem a Oswaldo Cruz.

Em 1913, foi empossado como membro da Academia Brasileira de Letras, sucedendo a Raimundo Correa na cadeira de número 5 e sendo saudado em discurso por Afrânio Peixoto.

Ainda em 1913, foi fundado o Centro Acadêmico Oswaldo Cruz, entidade representativa dos estudantes da Faculdade de Medicina da Universidade de São Paulo (FMUSP).

Em 1936, teve sua efígie cunhada na moeda de quatrocentos réis.

Ainda em 1936, teve sua efígie impressa nas notas de cinquenta cruzados.

Em 1983, a Marinha do Brasil o homenageou com o navio *Oswaldo Cruz U-18*, que navega nos rios da Amazônia a partir da cidade de Manaus.

Em 2003, o ator Marcos Palmeira interpretou-o no filme *Oswaldo Cruz, o médico do Brasil*, de Silvio Tendler.

A praça Oswaldo Cruz, no início da Avenida Paulista, leva seu nome.

Um município do estado de São Paulo também leva seu nome.

No Rio de Janeiro, uma estação de trem, uma avenida, um bairro e diversas escolas levam seu nome, além da própria Fundação Oswaldo Cruz.

SOBRE O AUTOR

Nasci na Bahia, em 1953, mas moro e trabalho no Rio de Janeiro, há muito tempo.

Sou jornalista e escritor. Hoje, atuo muito mais como escritor. Mas as experiências no jornalismo, entrevistando pessoas, escrevendo perfis biográficos ou artigos sobre figuras públicas, é que me levaram a fazer este livro. As exigências que me impus foram basicamente as mesmas que norteiam uma pauta dentro de uma redação: os personagens precisavam ter uma relevância intelectual e histórica, ter uma biografia que merecesse ser alinhavada e mostrada para estudos, e, aqui especificamente, deveriam merecer a minha admiração.

Portanto, reuni nesta obra brasileiros que admiro, a quem daria nota 10 em muitos quesitos. Claro que muitos outros ficaram de fora. Poderíamos fazer um livro com 100 brasileiros brilhantes, que não teríamos muita dificuldade de encontrá-los; somos pródigos em gente que luta, que cria, que faz, que é do bem. Aqui temos esses dez que levantei entre profissionais de diferentes profissões, regiões, gerações ou afinidades.

Escrever é o meu ofício, e já publiquei livros de contos, poemas, infantojuvenis, textos humorísticos e biografias de personagens ligados à música brasileira, como *Luiz Gonzaga* e *Ary Barroso*, na coleção *Mestres da Música no Brasil*, da Editora Moderna. Também publiquei, pela mesma editora, em 2014, a novela juvenil *O meu lugar nas quatro linhas*, uma aventura pelo mundo do futebol, outra de minhas paixões.

Luís Pimentel